LE GRAND CONCLAVE

EN

TRAVAIL

(Séance 3me 4me, 5me et 6me.)

par

VICTOR GRENIER

Prix : 1 franc 25

Typ. Th. Cazal. (Saint-Denis Réunion)

1877.

DELENDA CARTHAGO

—o—

Voici venir le moment ou le Conseil général aura à s'occuper du budget pour l'exercice 1878. On voit figurer au rang des dépenses de la Colonie une somme relativement énorme pour frais de travaux d'imprimerie nécessaires aux différents services du gouvernement. Cette somme sera attribuée à l'Editeur du Moniteur, en vertu du marché de gré à gré qui a été consenti à son profit, malgré toutes les lois qui règlent la matière, et qui exigent impérieusement que tous les marchés de cette importance soient l'objet d'une adjudication publique avec concurrence sérieuse. D'un autre côté les principes du droit administratif nous font connaître d'une manière certaine et sans discussion possible, que l'administration a le droit et le devoir de résilier le marché pour cause de lésion évidente au trésor public.

Nous avons démontré bien souvent que le marché consenti au profit de M. Lahuppe doit être annulé pour cause d'illégalité puis qu'il a été consenti de gré à gré quand il aurait dû être l'objet d'une adjudication publique avec concurrence sérieuse.

Nous avons démontré aussi que ce marché dans tous les cas doit être résilié pour cause de lésion énorme faite au détriment du trésor colonial.

Maintenant nous nous posons une question : Est-il bien possible qu'il ne se trouve pas dans la commission du budget une voix indépendante pour poser la question de la mise en adjudication prochaine de ces travaux d'imprimerie et de reliure ?

Dans le cas, où par des considérations personnelles cette question ne sera pas soulevée dans le sein de la commission du budget, nous nous demandons encore si personne n'osera la soulever en séance publique dans le sein du Conseil général ? Ce serait à désespérer du patriotisme et du dévouement de nos mandataires légaux. Une semblable hypothèse ne nous paraît pas permise. Nous terminerons ici ces courtes observations en faisant remarquer un nouveau truc très-plaisant qui vient d'être employé par l'adjudicataire privilégié des travaux dontnous nous occupons :

Nous avons démontré dernièrement dans une précédente brochure que M. Lehuppe en fournissant un numéro du Journal Officiel avait vendu aux contribuables de la Colonie pour prix de 125f. un morceau de papier qui lui coûtait 5 fr. 50. La chose est claire, le calcul est indiscutable. Probablement pour répondre à cette observation l'adjudicataire du dit marché nous a donné le samedi 30 juin dernier un numéro de l'Officiel qui comprend, outre la feuille dessous qui coûte 5 fr. 50, 5 ou 6 feuilles de papier qui ont l'air de coûter quelque chose. C'est tout simplement de la poudre qu'on veut jeter aux yeux des imbéciles. On a l'air de dire : Voyez-vous l'indigne calomnie ! — On prétend que le Journal Officiel est un petit morceau de papier insignifiant, et voilà que nous donnons aujourd'hui la matière d'un gros volume !

Permettez ! Ce gros volume que vous insérez à la suite du Journal officiel n'est qu'une immense plaisanterie au point de vue des arguments que nous avons fait valoir. En effet il est rempli en entier de matières que vous faites payer quatre fois soit par le public, soit par le Conseil général, soit par l'administration :

1o Ces matières comprenant les rapports présentés au conseil et le compte-rendu des séances sont imprimés dans le Moniteur et payés par les abonnés. Et d'une.

2o Ces rapports sont imprimés en brochure et payés par le budget du conseil général. Et de deux.

3o Ces rapports et compte-rendus sont imprimés dans le volume contenant la session du conseil général lequel volume est encore aux frais du budget du conseil général.

4o Enfin toutes ces matières sont payées une quatrième fois par le budget de la colonie qui solde le compte qui lui est présenté pour l'impression de cette chose inutile qu'on appelle le Journal officiel.

Puisqu'on demande l'assimilation à la Métropole, nous demanderons si chaque département de France a un Journal officiel? Nous ne le pensons pas, c'est une dépense de luxe parfaitement inutile. Les arrêtés locaux peuvent parfaitement être envoyés au premier journal qui paraît dans la semaine et qu'il imprimerait en tête de ses

colones aux conditions ordinaires. Cela serai
juste et il n'y aurait de privilége pour personne.
Quant à la promulgation des arrêtés, on pren-
drait la date logique de l'enregistrement à la
Cour, Les avis de sauvetages et les nominations de
gardes chiourme n'ont pas besoin d'un journal
spécial qui coute 12 mille francs dans un moment ou la colonie n'a pas d'argent a jeter par les
fenêtres. Il est évident que les conseillers généraux chargés de discuter les intérêts du contri-
buable ont le devoir de s'occuper de cette question du marché de typographie et de rég'ure.

Delenda Carthago !

LE GRAND CONCLAVE

EN TRAVAIL

—o—

(Séance du 29 Juin)

———

Comme la montagne de la fable, Le Grand Conclave est en travail: Le résultat de l'accouchement serait-il aussi une souris, « Ridiculus mus ? » Il faut penser que non : cependant au train dont vont les choses, nous ne sommes guère autorisés à attendre des miracles de la réunion de nos mandataires légaux.

Il se sont réunis le 29 mai dernier pour la séance d'ouverture, le lendemain 30 mai on a achevé de constituer l'ordre du jour, on a divisé le travail, pris connaissance de la correspondance, et le bureau et les commissions étant nommés, on s'est ajourné pour attendre le travail des dites commissions. Voilà deux séances préparatoires qui ne doivent pas, au fond avoir une grande influence sur la solution des questions qui intéressent les destinées de la colonie. Nous en avons rendu compte dans deux précédentes brochures intitulées « Le Lever du Rideau et la suite du Lever du Rideau. » Tout le monde était présent.

On s'est ajourné comme nous venons de le dire, jusqu'au jour où les commissions nommées auraient terminé les travaux qui leur sont confiés. C'est fort bien ! Il paraît que ces travaux étaient terminés à la date du 28 juin dernier. Juste un mois après la séance d'ouverture. Le président du conseil avait donc convoqué ses honorables collègues pour ce te date, qui devait être celle de la reprise des séances. Après un congé d'un mois, on pouvait espérer que nos honorables se trouveraient à leur poste. Et bien, pas du tout ! Le 28 juin la séance n'a pas pu avoir lieu. Douze conseillers seulement ont répondu à l'appel, et il faut au moins seize membres pour constituer le nombre réglementaire nécessaire et indispensable pour la validité des séances.

Le Directeur de l'intérieur était à son poste : Les membres du bureau étaient présents : neuf autres conseillers généraux répondaient à l'appel. Monsieur le secrétaire archiviste et ses adjoints étaient là : Les représentants de la presse locale étaient gravement assis à leur place d'honneur, c'est-à-dire devant une petite table ovale mise dans un coin de la salle ; et figurant agréablement la tribune des journalistes ; enfin le public aussi assistait au rendez-vous. Et tout ce monde-là s'est cassé le nez parce qu'on n'a pas pu trouver un treizième membre du conseil général pour entrer en séance ! Il faut avouer que c'est parfaitement désobligeant.

Le public a pu néanmoins constater les nouvelles dispositions données à la salle pour le recevoir et lui permettre de profiter de la liberté qui vient de lui être concédée par la loi d'assister aux séances. La varangue du coté du Nord a été remplie de bancs en forme de gradins, et le public pourra jouir du spectacle de l'intérieur de la salle en regardant par la porte et les deux fenêtres qui étaient déjà pratiquées de ce coté de la salle, on a aussi enlevé les deux panneaux qui se trouvaient entre les fenêtres et la porte. Tout cela est un peu mesquin, mais enfin cela suffit et les membres du bureau ont même eu l'attention de faire pratiquer devant les deux fenêtres une petite tablette mouvante semblable à celles que l'on rencontre dans les boutiques d'épicier pour recevoir, dans des assiettes, les morceaux de poisson découpés et autres comestibles mis en vente. Probablement on pense que s'il se trouve dans le public un publiciste qui désire prendre des notes, il sera très reconnaissant de trouver cette installation hybride qui lui servira de pupitre. Ce ne serait pas très commode.

A l'intérieur il y a d'un coté une table carrée

destinée aux apprentis sténographes, et de l'autre coté se trouve la petite table ovale que nous connaissons depuis longtemps et où l'on trouve des plumes et de l'encre : c'est la tribune des journalistes. Les princes de la presse locale ont le droit d'occuper cette place privilégiée.

Oh! Mais c'est qu'il ne faut pas rire! M. le nouveau Président du Conseil général fait largement les choses, et n'entend pas qu'on plaisante quand il s'agit des immunités qu'il concède libéralement aux représentants de la presse ! N'est pas admis qui veut, autour de la table ovale destinée aux journalistes ! Pas d'autres dans l'enceinte sacrée. On donnera des cartes aux rédacteurs de journaux. Chaque journal aura droit à deux cartes. Ce qui suppose que chaque Journal doit avoir deux rédacteurs. En fait, il y a quatre journaux à St-Denis : Les trois premiers ont beaucoup de peine à avoir un rédacteur et le quatrième n'en a pas du tout. Pourriez-vous me dire quel est le rédacteur du Journal du Commerce ? — Comment ferez vous pour délivrer une carte à ce mythe intangible ? Probablement quand vous venez nous dire que vous n'admettez à la table des journalistes que des rédacteurs de journaux, vous n'entendez pas donner cette qualité à des manœuvres qui ne sont nullement capables de faire des comptes rendus de vos séances.

Il était parfaitement inutile de faire imprimer des cartes pour les délivrer à deux rédacteurs, qui sont parfaitement connus. Le rédacteur du Nou-

veau Salazien, étant secrétaire archiviste n'a pa
besoin de carte.

Voulez-vous que je vous dise à quoi servent
les cartes que vous avez mises à la disposition
des journaux ? — Vous croyez sans doute,
que cela sert à empêcher ceux qui ne sont pas
rédacteurs d'aller s'asseoir à la table des journalistes ? Eh bien ! non. Vous vous trompez du
tout au tout. Voyez ! Voilà ceux qui sont entrés
avec ces fameuses cartes : MM. Adonis Renaud,
Dubourg et Gaston Lahuppe ! Est-ce que ces
messieurs ont jamais eu la prétention de réliger
des journaux quelconque ? — Ils peuvent être
des gens fort distingués, fort aimables et fort in-
téressants, mais ils ne sont pas rédacteur de
journaux, et ce n'est certainement pas pour eux
qu'on a pensé a faire établir une table des Journalistes dans l'intérieur de la salle des séances du
Conseil. Cependant ils ont probablement des
cartes. Voilà a quoi servent les cartes : La presse
est représentée par des télingas ou des ouvriers
imprimeurs. On comprend des cartes à la cham-
bre des Députés où la tribune des journalistes
est occupée par quatre-vingts représentants de la
presse parisienne, autant de représentants de la
presse de province, autant encore et plus de représentants de la presse étrangère, ce qui fait
trois ou quatre cents écrivains ; mais chez nous
dans notre Conseil général microscopique, où
l'on ne considère pas la qualité d'écrivain, mais
celle d'attaché à telle ou telle feuille fonc-
tionnant au moyen d'un cautionnement, le vrai

pompeusement des cartes nominatives et personnelles, c'est réellement vouloir faire des embar-
ras !

*

Nous avons dit que la séance du 28 n'avait pas
pu avoir lieu faute du nombre réglementaire de
conseillers généraux nécessaire pour former la
majorité, le président n'avait qu'à constater ce
fait par l'appel nominal, cela fait, il ne lui restait
plus qu'à prendre son chapeau et à tirer sa révé-
rence à ses collègues, en déclarant qu'il fallait espérer qu'on serait plus heureux le lendemain: au
lieu de cela le président a fait donner lecture de
la première séance, et M. le secrétaire archiviste, pour prouver qu'il gagne bien son argent s'est
mis à déclamer avec gestes et éclats de voix convenables un long compte rendu qui peut-être fort
exact et fort beau, mais qui n'est pas celui qui
convient, attendu qu'il est parfaitement inutile
de rapporter textuellement des discours et des
discussions qu'il suffirait d'indiquer d'une façon
sommaire et analytique. Ce procès-verbal a été
approuvé. — Comment cela, puisque le conseil n'était pas en nombre ? — Voilà une appro-
bation qui nous paraît parfaitement incorrecte.
Tout cela est nul, radicalement nul, il n'y avait
pas lieu non plus de rester dans la salle pour en-

tendre les reproches, plus ou moins convenables, adressés par les membres présents à leurs collégues absents qui faisaient manquer la séance. Sans doute, il est désagréable de se déranger inutilement ; mais il y a des convenances qu'il faut toujours observer vis-à-vis des collégues qui peuvent d'ailleurs avoir d'excellents motifs d'excuse. Le public est souverain juge : Les membres de conseil n'ont aucune autorité les uns sur les autres. Le président aurait du s'enaller Mais le cœur humain est ainsi fait ; On aime à se prelasser au milieu des enivrements des grandeurs terrestres. Le fauteuil présidentiel a des charmes, et notre nouveau président a son cœur humain, comme tout le monde. Peut-on lui reprocher une faiblesse qu'on retrouve à chaque pas dans l'histoire, en remontant jusqu'aux temps héroiques de la guerre de Troie. Le poète ne fait-il pas dire à Agamemnon :

Ce nom de Roi de Rois que me donnait la Grèce,
Chatouillait de mon cœur l'orgueilleuse faiblesse.

SÉANCE DU 28 JUIN

—o—

Le 28 juin on a pu réunir treize membres, et les questions relatives aux intérêts les plus graves du pays auraient pu être tranchées à la majorité de sept voix contre six. Il n'en a rien été, cette seconde séance de reprise a encore été blanche

comme la première ; mais au moins le conseil a pu
légalement se constituer.

Le rédacteur du Moniteur qui ne laisse échapper aucune occasion de chercher à s'efforcer de faire de l'esprit, nous fait observer dans son numéro du 4 juillet courant que le 29 juin tombait un vendredi et que ce jour il n'y avait que 13 membres présents au Conseil, double circonstance qui parut ne lui présager rien de bon. Il paraît que le brillant rédacteur du Moniteur devient superstitieux. C'est dommage, jusqu'à présent il avait l'air de vouloir passer pour un libre penseur et un esprit fort.

Quoiqu'il en soit la séance du vendredi vingt-neuf juin n'a pas été brillante avec ses treize membres. Elle a commencé comme toujours à deux heures par la lecture d'un procès-verbal d'une séance précédente, c'était celle du 30. Cette lecture fait perdre un temps considérable, et c'est d'une monotonie que le talent déclamatoire du secrétaire archiviste ne peut pas corriger. Si ces procès-verbaux étaient comme ils devraient l'être, moins longs, le public ne serait pas attristé pendant plus d'une heure par le spectacle douloureux de mes mandataires légaux s'endormant sur leurs chaises curules ou s'étirant les bras en baillant à se désarticuler la machoire. Une proposition de M. Bourgine tendait à porter un remède à cet inconvénient. Les procès-verbaux auraient été lus par une commission ; mais cela n'est pas légal, il faut qu'ils soient approuvés par le conseil. — Le mieux seraient de faire ces procès-verbaux en quatre lignes. La plupart du temps cela serait plus que suffisant.

Après la lecture du procès-verbal, le conseil a pris connaissance d'une certaine quantité de lettres écrites par les membres absents pour se faire excuser. Les unes ont été excusés, les autres non. Tout cela est fort peu intéressant. Le conseil a refusé d'excuser MM. Bellier de Villentroy et le docteur Milhet parce qu'ils n'ont pas donné de motifs de leur absence. Cela a paru trop cavalier. Il paraît cependant, au dire du Rédacteur du Moniteur, que l'excellent docteur Milhet était en train de vacciner les petits enfants de sa commune. Pourquoi n'avoir pas excusé cet excellent patricien quand il se livre à l'exercice de son art ? — Pour nous, nous demandons qu'il soit excusé à perpétuité pour toutes les séances, attendu que sa présence au conseil n'est nullement nécessaire au bonheur du pays, et à la bonne administration de ses affaires.

Le reste de la séance se borne à fort peu de chose. M. Camille Jacob dépose deux propositions qui sont mises à l'ordre du jour. Dans la première proposition, l'honorable secrétaire du conseil général demande à mettre à la charge de la Colonie les frais du dénombrement de la population auquel il va être procédé dans quelques jours dans l'intérêt des communes. Cette proposition aurait dû être logiquement envoyée à la commission du budget, puisqu'il s'agit de disposer des finances de la colonie, c'est ce que le Directeur de l'Intérieur soutenait avec beaucoup de raison, mais le conseil a trouvé qu'il était plus rationnel de la traiter comme une question ordinaire, et a ordonné de l'inscrire à la suite de l'ordre du jour.

Dans sa seconde proposition, M. C. Jacob demande la nomination d'une commission qui serait chargée de présenter un projet de révision de l'impôt. Nous y voici ! M. Camille Jacob est un économiste qui peut bien aussi avoir son Dada. Il ne faut pas que la gloire d'avoir réformé l'assiette de nos impôts appartienne exclusivement auGrand citoyen Crequemitaine, et au père Rigolo, monsieur Camile Jacob en veut son morceau. Sa proposition est mise à l'ordre du jour à côté des propositions semblables de ses illustres coreligionnaires en matière d'économie politique et financière. Le Père Rigolo ne manque pas de faire observer que déjà dans plusieurs sessions précédentes il a saisi le conseil d'une proposition tout à fait analogue, mais dit-il dans son langage énergique, le conseil a « refoulé » cette proposition Le Père Rigolo a présenté à ses collègues cet enfant nouveau né, sorti de ses entrailles, et les collègues n'ont pas voulu l'allaiter, et ils l'ont laissé périr d'inanition, et ils lui ont refusé le secours de leurs mamelles ! — Les mamelles des conseillers généraux font une image frappante ! Décidément cet excellent Père Rigolo est un homme d'imagination, et il est bien certain que son astre, en naissant, l'a formé poète. Nous chercherons dans un moment à esquisser son profil, pour donner suite aux caractères de portraits que nous avons promis de faire passer sous les yeux de nos lecteurs, en rendant compte de différentes séances de cette présente session.

Après les deux propositions de M. Jacob dont nous venons de parler plus haut, le Conseil met à l'ordre du jour une proposition de M. Buroleau qui écrit au conseil en sa qualité de négociant, pour lui demander la création d'une caisse d'immigration destinée à couvrir les pertes éprouvées par le commerce dans ses opérations d'introduction de travailleurs indiens dans 'a colonie.

Puis s'agit d'une demande de 3000 francs pour l'achèvement d'une carte de la Réunion, qui doit figurer à l'exposition — Renvoi à la commission du budget.

Puis Rien. — On voit que la séance du 29 n'a pas eu une bien grande importance. Celle du lendemain 30 juin a été encore plus insignifiante. On s'est borné à la lecture d'un procès-verbal d'une séance précédente, puis on s'est retiré chacun chez soi, le Conseil n'étant pas en nombre pour entrer légalement en séance. Voilà deux fois que le même fait se reproduit depuis quatre jours. En vérité, Messieurs les conseillers généraux devraient être plus exacts à remplir le mandat qu'ils ont sollicité en promettant de se dévouer aux intérêts coloniaux.

SÉANCE DU 26 JUIN

—o—

Cette séance n'est guère plus intéressante que les autres dont nous avons parlé précédemment. On perd un temps considérable à discuter sur les absences qui mettent le Conseil général dans l'impossibilité de tenir ses séances. Il y a en effet plusieurs conseillers généraux qui, à ce point de vue, se comportent d'une façon passablement cavalière vis à vis leurs collègues plus soucieux qu'eux de remplir le mandat qu'ils ont sollicité. Le célèbre sire de Fontrabiouse maire de Saint-Paul, procède par la voie télégraphique, pour apprendre au conseil qu'on n'aura pas le bonheur de le posséder. De raisons et de motifs d'excuse, point! Ceci est bon pour les simples, mais M. Milhet, oh! n'est pas un conseiller, non! à qui en puisse demander des raisons. Il faut s'incliner devant la volonté de ce grand citoyen. Le conseil n'est pas de cet avis, et le Roi des Panaches n'est pas excusé. Grande irrévérence! — Une lettre de M. Bellier de Villentroy soulève aussi une véritable tempête : Le maire de St-Benoit n'est pas excusé non plus. Il ne s'en moque pas mal. Tout cela est triste.

Après cette longue discussion sur les absences le conseil met à la suite de son ordre du jour plusieurs propositions qui sont déposées sur le bureau. Puis on commence une discussion fort longue sur une pétition des habitans de la commune de St-Benoit demandant la jouissance de certains terrains appartenant au Domaine. Cette discussion ne peut pas être terminée dans la séance, elle est renvoyée au lendemain.

Deux propositions sont déposées sur le bureau. La première demande qu'une commission soit nommée pour procéder avant les séances à la lecture des procès-verbaux — Cette lecture fastidieuse fait en effet perdre un temps précieux au Conseil ; Mais comment faire décider que le dit Conseil général accepte les procès-verbaux, s'il n'en a pas pris connaissance ? — Il faudrait trouver un moyen de tourner cette difficulté.

La seconde proposition déposée émane de M. Camille Jacob de Cordemoy. On ne s'en douterait pas ! Elle a pour objet de demander au conseil d'émettre un vote pour remercier les pouvoirs de la Métropole qui ont contribué à l'adoption du projet de port et de chemin de fer, d'avoir eu l'amabilité de nous faire cette gracieuseté. Les pouvoirs de la Métropole seront enchantés de cet acte de politesse de notre conseil général. Mais M Camille Jacob qui est partisan du port de Saint-Denis aurait dû dans la circonstance laisser la parole au maire Pingouin, ou à son ami Gilles Richepanse, lesquels sont plus spécialement désignés comme les admirateurs et souteneurs du projet Pallu de la Barrière. Oh ! Jean Gilles ! Pendez-vous ! on a remercié les pouvoirs compétents qui ont fait adopter les projets de port et de chemin de fer, et la proposition n'émane pas de vous. →

Pourquoi ne pas aussi demander un petit vote de
remerciement en faveur du citoyen Tarratantara,
lequel, comme on sait, a tout fait, tout préparé,
tout conclu, tout emballé tout, tout tout tout !
dans cette question du port et du chemin de fer ? -
Ah, c'est une injustice criante ; mais le grand
homme se consolera dit-on, en nous revenant
avec une bonne position lucrative dans le chemin
de fer.

✳

Nous nous proposions de terminer ici, pour le
moment, notre compte-rendu des séances du
conseil général, notre intention étant de consa-
crer ce qui nous reste de place à quelques portraits que nous avons promis de faire passer sous
les yeux de nos lecteurs ; mais un incident étran-
ge, piramidal, inoui nous force à modifier notre
programme, pour dire un mot de ce qui s'est pas-
sé dans la séance du 5 juillet courant.

L'émotion produite dans le public par l'incident
dont nous voulons parler a été profonde aussi
bien que pénible. Partout, à chaque coin de rues,
on rencontrait des gens qui vous disaient avec
anxiété en parlant de cette discussion du 5 juillet : « Mais où allons-nous ? — C'est de la déma-
gogie, c'est de l'insanité. »

—Non! Ce n'est heureusement que de la bouffonnerie, et le ridicule fait justice de semblables énormités.

Nous voulons parler de la discussion qui s'est produite au sein du conseil général à propos des paragraphes 7 et 8 de l'article 2 du projet de constitution coloniale relatifs à l'exercice des droits politiques dans la colonie.

Cet article est ainsi conçu :

« Art. 2. — L'île de la Réunion est soumise :

1o — etc. —

7o Au même exercice des droits politiques ;

8o À la même législation sur la presse ; les réunions publiques et le droit de pétition. »

Une discussion s'élève sur l'interprétation de ces deux derniers paragraphes : Les immigrants jouiront-ils des droits dont il est ici question ? — En d'autres termes, les indiens, les chinois, les cafres, les malgaches et autres bipèdes de la même farine auront-ils le droit de voter dans la colonie, pourront-ils avoir des journaux, pourront-ils jouir du droit de réunion publique et de pétition ?

Si on avait posé une semblable question au premier cafre venu, au chinois le plus abruti par l'opium, il vous aurait ri au nez en vous envoyant vous promener avec vos droits politiques. Mais il n'en fut pas ainsi du chevalier Milhet maire de la bonne commune de St-Paul ! Cet éminent citoyen veut évidemment passer à la postérité avec la réputation d'avoir été un démocrate de la plus belle

eau . Il ne recule devant aucune absurdité quand
il marche dans la grande voie du progrès. Il faut
qu'on parle de sa gloire, sous le chaume, bien
long temps.

Que dit donc sur cette question l'incomparable maire St-Paulois ? L'incomparable maire
Saint-Paulois dit qu'il faut accorder aux immigrants rouges ou noirs, tous les droits politiques imaginés et imaginables. Voilà le progrès !
Voilà les grands principes de la liberté et de la
fraternité. M. Milhet presse sur son cœur tous
les Ayas du monde.

Selon lui , les indiens venus de Pondiché-
ry, ou d'un point quelconque de l'Inde Française, doivent être déclarés électeurs dans la
colonie, et qui dit électeurs dit éligibles. De sorte
que nous aurons l'agrément de voir siéger dans
dans nos conseils de commune, et dans notre
Conseil général, des télingas qui seront venus
dans la colonie pour faire des trous de cannes ou
brosser nos souliers à raison de trois roupies
par mois. Ce sera une bonne fortune pour ces
frères et amis, d'autant mieux que sur la propo -
sition du citoyen Croquemitaine, le conseil vient
de décider que les fonctions de conseiller général seront rémunérées à raison de dix francs par
jour, plus deux jetons de présence de 5 francs
chaque, total 20 francs, quatre roupies par jour
pour faire des lois et s'asseoir dans des fauteuils,
quand on ne doit gagner que trois roupies par mois
pour fouiller la terre dure ! — C'est à considérer.

M. Milhet a bien mérité des sectateurs de Brhama.

Mais ce n'est pas tout ! La sollicitude du citoyen Millet ne s'arrête pas aux indiens pris dans l'Inde française, il accorde aussi des droits politiques a tous les fils d'immigrants nés dans la colonie, et donne à tous les immigrants généralement quelconques le droit de réunion publique, le droit de pétition et celui d'avoir des journaux. M. Millet pense sans doute que puisqu'il a publié quelquefois dans le Moniteur ou le Nouveau Salazien, des articles qui n'étaient point écrits en français, on peut sans inconvénient accorder à des cafres ou à des malgaches, voire même à des indiens ou à des chinois, le droit d'avoir et de rédiger des journaux dans la colonie, c'est logique.

Oh ! le docteur de Fontrabieuse est un logicien de premier numéro. Il a fait un discours mirobolant pour soutenir son opinion dans le sein du conseil:

« Messieurs, a-t-il dit à ses collègues, prenez garde, si vous refusez aux Ayas le droit de voter chez nous, craignez de justes représailles : ils vous refuseront à leur tour le droit de voter chez eux, si vous allez dans leur pays. »

Voilà un argument magnifique et qui prouve au moins la force intellectuelle du savant docteur Jean Millet. Il est possible que des colons à qui on parlera du droit d'aller voter sur les bords du du Gange vous répondront naïvement qu'ils se moquent autant de cela que de Colin Tampon ;

Mais M. Milhet ne pense pas ainsi, il tient essentiellement à être un électeur et même un éligible cosmopolite. Qui vous dit qu'un jour, à bout d'excentricités et de gambades, lui qui aime tant la locomotion. et qu'on rencontre à chaque instant par voies et par chemins, à pieds, à cheval, en voiture, et même en pirogue de pêche, qui nous dit qu'un jour, l'envie ne lui prendra pas d'aller poser sa candidature aux électeurs de Wbistou.

En attendant, il pourrait étudier dans la colonie les effet de la mesure qu'il propose :

Et d'abord, ainsi que nous venons de le dire plus haut, le droit de voter concédé aux immigrants, dans les conditions proposées par M. Milhet (Jean Fontarabie) nous procurera l'avantage de voir la colonie représentée dans ses conseils électifs par des cafres, chinois, télingas, macouas, iolofs, malgaches, Betzimissares, Hovas, et autres pèlerins de même acabit, ce qui joint à M. Milhet et à son groupe St-Paulois nous donnerait une représentation agréablement panachée, dont nous aurions à attendre une foultitude de merveilles dans l'ordre des choses morales, politiques, économiques et industrielles.

Mais supposons que ces bons asiatiques ou africains aient le bon sens de dédaigner les honneurs de la représentation locale, malgré les émoluments et indemnités qu'ils pourraient libéralement s'attribuer, il y a un résultat très-remarquable qui pourrait être obtenu. Qui empêcherait un grand propriétaire, par exemple comme celui de Savanah, de faire venir de Pondichery cinq ou six convois de travailleurs indiens pour cultiver son domaine ? — Le voilà de suite à la tête d'une armée de onze ou douze cents électeurs qui, a un moment donné, viendraient soutenir la candidature de leur engagiste et de ses amis. Le jour des élections on verrait cette bande passer, commandeurs en tête et en queue, et régisseurs sur les flancs, conduite sous le bâton et les lanières de cuirs achetées à l'encan de la succession dont M. Milbet fut héritier, et ils voteraient comme un seul homme pour qui on voudra, pour les jesuites, pour les cléricaux, pour les conservateurs, eux les infidèles et les payens qui seront redevables à M. Milbet et à ses amis, du droit de nommer les représentants du pays ! — Dans ces conjonctures nous demanderons ce que deviendrait la popularité du dit Jean Milbet et ses amis ?

Mais ce n'est pas tout. Parlons maintenant du droit de réunion publique accordé sans distinction à tous les immigrants. Dans ce cas, il est évident que chaque atelier, chaque établissement de sucrerie devient un club organisé contre le propriétaire. Représentez-vous un établissement de sucrerie en pleine coupe. Il est six heures du soir, les cannes sont devant le moulin: un travailleur propose une réunion publique au moment du coucher du soleil pour faire une motion contre le régisseur, et interpeller le propriétaire qui ne comprend pas qu'il faut laisser le vœu se fermenter dès que l'astre du jour est plongé dans l'océan. La réunion a lieu, personne ne peut l'empêcher, c'est la loi. M. Milhet est nommé président du club qui se compose surtout de cafres et d'indiens. L'honorable docteur de Fontrabiouse comprend que pour faire sa cour aux honorables membres du club, il doit se présenter dans le costume qu'il ont adopté eux-mêmes, le voilà donc vêtu d'un simple « cayombou » et portant sur la tête des plumes de coq et des graines de cascavelle. Il pénètre au sein de l'assemblée et la foule l'accueille par une triple salve d'applaudissements, suivi de trois grognements contre son concurrent le citoyen Thomy Lahuppe, et la séance commence ensuite, et on se fait une idée des belles choses et des admirables propositions qui sont mises à l'ordre du jour. Nous ne pousserons pas plus loin notre hypothèse, et nous demanderons si l'administration locale, si les gens qui raisonnent peuvent admettre de semblables plaisanteries ? — Telles seraient cependant les conséquences de la proposition que M. Milhet n'a pas craint de soutenir et de développer au sein du Conseil général, dans la séance du 5 juillet courant.

Ceci est souverainement ridicule pour les gens qui pensent, et M. Milhet qui fait de semblables motions est apprécié à sa juste valeur par les hommes sérieux ; mais les gens qui pensent ne sont pas en majorité, au contraire, le populaire qui voit un docteur, un maire jouissant des faveurs de l'autorité, se lancer dans de semblables aberrations, peut être facilement égaré, peut être facilement conduit à accepter les théories les plus absurdes et les plus monstrueuses. Après la séance du 5 juillet, après les actes d'insanité donnés en maintes circonstances par ce pauvre docteur St-Paulois, l'administration locale se posera sans doute la question de savoir si elle doit conserver un pareil maire à la tête d'une commune importante dont les intérêts pourraient être gravement compromis par des doctrines et des idées qui heurtent visiblement le sens commun.

Mais, nous dit-on, pour une discussion ridicule et maladroite, pour une proposition bête dont il n'a probablement pas compris les conséquences et la portée, vous semblez vouloir appeler les foudres de l'administration sur la tête de ce pauvre maire qui a des qualités personnelles précieuses, qui a donné très souvent des gages incontestables au parti de l'ordre et de la raison, qui est obligeant, serviable et qui, somme toute, est une nullité bonne.

Eh, sans doute, nous le savons bien, ce cher docteur a été l'enfant gâté, et le protégé du parti de l'ordre à St-Paul. Il est beau joueur, bon enfant, bon vivant, bon diable même, mais c'est cette nullité en toutes les matières que nous ne saurions admettre dans un homme qui veut jouer un rôle politique et qui ose prendre la responsabilité de l'administration d'une commune importante. Si M. Milhet n'était qu'un maniaque fou des panaches et des galons, nous le laisserions bien tranquillement satisfaire son innocente folie et nous ne verrions aucun inconvénient à le voir mettre à côté de son ruban rouge les insignes du caïman vert, ou du serpent noir de madagascar. Mais M. Milhet est maire de St-Paul, et le maire d'une commune semblable doit être un homme sérieux.

Soutiendrez-vous que M. Milhet est un homme sérieux ?— Examinons sa conduite à un seul point de vue, je parlerai seulement aujourd'hui de la manière dont il entend la question religieuse. Le sujet a son actualité puisque M. Milhet vient de recevoir à St-Paul Monseigneur Soulé qui fait actuellement sa première tournée pastorale dans les différentes paroisses de la Colonie.

Commençons par le commencement et nous ferons voir tout ce qu'il y a d'incohérence, de légèreté et de contradiction continuelle dans la conduite de ce pauvre et excellent docteur.

Il y a environ douze ou quinze ans, le citoyen Milhet n'était pas le brillant personnage que nous connaissons aujourd'hui. Il ne portait pas alors un ruban rouge à sa boutonnière, il ne s'embarrassait pas, à tout propos, la ceinture

d'une vaste écharpe municipale à galons d'or.
C'était un modeste carabin s'essayant à exercer
la profession de médecin de campagne. Les
commencements étaient durs : la clientèle ne
venait pas. Il n'avait pas l'argent nécessaire pour
payer tous les jours des galas à tous les hauts
fonctionnaires du pays, et à tous les habits ga-
lonnés qui s'égarent sur la plage de Saint-Paul.
Son brave bonhomme de père, excellent vieillard
tanneur de son métier, avait fait des sacrifices
pour le faire élever en France, mais ne lui avait
donné d'autre fortune que sa bonne mine et son
bistouri. C'était peu, l'herbe était courte à St-
Paul, et le jeune docteur conçut le projet de faire
un voyage à Madagascar, pour tâcher de mettre
un peu de foin dans ses bottes. Il partit. Il était
alors protégé par une grande famille du pays,
bien connue pour sa piété et son dévouement à
la religion catholique. Le citoyen Jean Milbet
était un catholique fervent, il fut recommandé
au R. P. Jenon, supérieur de la société de Jé-
sus, et c'est sous les auspices de ce vénérable et
digne Père Jésuite, qu'il effectua son premier
voyage à Emirne. Aujourd'hui nous savons que
M. Jean Milbet est devenu républicain radical,
libre penseur : nous l'avons vu figurer au premier rang dans un enterrement civil qui attris-
ta la commune de Saint-Paul : « Quantum mu-
tatus ab illo. »

Mais continuons, M. Milbet revient de Madagascar avec quelques économies. Il fit encore

un ou deux autres voyages dont il fut assez content. Ce fut dans une de ces pérégrinations qu'il s'exerça à fabriquer un nez à un certain prince Hovas qui ne fut pas très satisfait de l'opération ni de l'opérateur, le nez fabriqué ayant, paraît-il, dégringolé au bout de quinze ou vingt jours.

Remarquons que pendant tous ces voyages, le citoyen Millhet est toujours catholique, et qu'à son retour à Saint-Paul, il est de plus en plus catholique, et membre ardent du parti clérical ou conservateur, comme on voudra l'appeler.

Voici que la Colonie après la révolution du 4 septembre est appelée à jouir des bienfaits incalculables du suffrage universel, Léon Gambetta étant ministre et dictateur pour la première fois ; Jean Millhet reste toujours clérical, son heure n'est pas encore venue, les écailles ne lui sont pas encore tombées des yeux. Les élections ont lieu à St-Paul, M. Millhet est élu par le parti conservateur et clérical, le parti républicain fait passer M. le docteur Lacaille qui devient maire de St-Paul, et vient siéger au Conseil général, où il étonne tout le monde par l'excentricité de ses idées de civilisation et de progrès.

Cela fait rêver le docteur Jean Millhet. Les lauriers de son confrère l'empêchent de dormir. Soutenu par ses amis du parti conservateur, M. Millhet ouvre une campagne contre M. Lacaille, et celui-ci abreuvé de dégoûts et de déceptions donne sa démission de conseiller général, donne sa démission de maire, et s'en va mourir à Madagascar.

M. Milhet remesse avec célérité l'écharpe muni-
cipal. Le voilà maire. Quelque temps après une
inondation a lieu dans l'Etang de St-Paul, et M.
Jean Milhet gagne bravement la croix de la légion
d'honneur dans une pirogue de pêche.

Est-il toujours clérical ? — Oui ! Mais il ne le
restera pas longtemps ; la fumée des honneurs lui
monte à la tête et commence à lui obscurcir l'in-
tellect. Déjà les frères et amis du parti radical lui
font croire que leurs actions sont en hausse. Le citoyen Milhet arbore le drapeau du radicalisme, et
porte carrément le bonnet phrygien sur le coin
de l'oreille. Le collège St-Charles protégé par l'E-
vêque est miné en dessous. Le Directeur M. de
Brouyn est attaqué, il se défend dans une correspondance qui devait ouvrir les yeux de l'Evêque.
Il se passe alors de bien drôles de choses. Monseigneur Delaunoy se fâche sérieusement, et voilà
M. Milhet libre penseur conduisant l'enterrement de M. Digay à St-Paul. Mieux que cela, il
avait voté pour la présidence de M. Drouhet au
Conseil général, et M. Drouhet était connu pour
être devenu l'ennemi du clergé et des principes
conservateurs. La compensation de tout cela était
que M. Jean Milhet avait été fait vice-président
du Conseil général et que son frère Siamois Gilles Richepanse était devenu par le même coup
Secrétaire du dit Conseil.

Aujourd'hui la majorité du conseil est chan-
gée ; M. Milhet n'est plus vice-président et les
nouvelles de France nous apprennent que les
radicaux vont être mis à l'ordre par le cabinet

de M. le duc de Broglie. Le citoyen Milhet demande un congé pour aller recevoir Monseigneur Soulé à son passage à Saint-Paul. Il s'est rendu à l'évêché de Saint-Denis et a invité sa grandeur à déjûner. Réponse évasive : Il faut s'entendre avec M. le curé de Saint-Paul. Télégramme du sieur Milhet à son adjoint pour décider le curé à faire accepter l'invitation. Mauvaise volonté et répugnance de la cure. M. Milhet se rend de sa personne à Saint-Paul pour prier le curé de ne pas s'opposer au désir qu'il a de recevoir l'Évêque. — Impossible, répond l'honorable père Puyo, mes invitations sont faites et j'ai quatorze prêtres à déjûner. — Qu'à cela ne tienne, dit le citoyen Milhet, j'accepte vos convives, et voilà comment il se fait que Monseigneur Soulé a été déjûner chez le maire pseudo-radical de Saint Paul, avec une suite de quatorze soutannes, et il y a eu des toasts portés par le républicain Jean Milhet qu'on se garde bien de faire connaître. Et le matin, le bateau à vapeur de Saint-Denis a apporté à Saint-Paul un menu confortable composé de filet de bœuf, dinde truffée, galantine et friandises diverses. Nous nous demandons si sérieusement, après avoir mérité les froideurs de l'Évêché sous Monseigneur Delanoy, le citoyen Milhet croit pouvoir s'attirer les faveurs de notre nouvel évêque en le prenant par la mangeaille ?

V. G.

www.ingramcontent.com/pod-product-compliance
Lightning Source LLC
Chambersburg PA
CBHW060811280326
41934CB00010B/2645